Roberto Montefusco

La consapevolezza è la grande guarigione

Dio ti ha dato anche il coraggio

Perché

Hai scelto la paura?

PREMESSA DELL'AUTORE

Quando non scegli la paura tutto si dissolve un attimo prima che ti colpisca ciò che tu stesso crei

La scuola Degli angeli continua senza sosta da ormai ventuno anni, gli angeli messaggeri del mondo nascosto sussurrano e organizzano l'essenza della nostre vite. Difficilmente parlano in singolare o per solo chi è scelto per tradurre le loro vibrazioni in parole, ma spesso parlano per esempio di scelta, dicono cosa dovremmo fare per migliorare noi e chi ci sta attorno nel quotidiano.

Il loro comunicare è rivolto ad una singola esistenza umana, nelle nostre vite apparentemente private agiscono come se fossimo una sola vita. Nulla in vero ci divide da gli alberi, agli animali, alla terra. Tutto è amore e danza per la vita.

La responsabilità è solo nostra, il compito angelico è solo quello di fare in modo che a noi non manchi mai la possibilità di crescere perché come spesso mi ricordano durante le conversazioni, questo è ciò che vuole Dio.

La consapevolezza è la grande guarigione

Quante cose belle ci passano sotto gli occhi durante il giorno, quante cose credute inutili appaiono sotto un altro punto di vista fondamentali. Tutto dipende solo e sempre da come ci poniamo nella volontà di percepire. Se oggi vogliamo imparare, impostiamo i nostri ricettori di esperienze in modo tale da raccogliere solo insegnamenti e questi si presentano a noi anche nelle cose più insignificanti poiché tutto sarà insegnamento. Tutto è impostato prima di un'azione, vale a dire che la reazione in verità è programmata precedentemente all'azione e ciò che chiamiamo caso positivo o caso negativo non è altro che, una nostra non sufficienza di valutazione di ciò che ci accingiamo a fare.

Questo è il motivo per il quale il giusto e lo sbagliato, il male e il bene, il grande ed il piccolo rimangono soggettive, ed è per questo che non è saggio mantenere un comportamento rivolto al pregiudizio, e nemmeno il giudizio, poiché ciò che tentiamo di fare, è sempre il solito errore, cioè quello di voler gestire in giudizio, una specifica esperienza ormai accaduta e quindi indelebilmente. E' proiettata ormai nel passato, mentre agire in pregiudizio, giudicare prima che un'esperienza accada, si tenta in quel caso di gestire un'esperienza prima che questa si manifesti, ma nel vero è impossibile da gestire se nulla si è manifestato. Dovremmo adottare l'intenzione, perché non vi sono in realtà due poli nell'esistenza, ma un'unica e sola fonte di creazione, forza, bene e male, amore e odio, ma esiste solamente il nostro voler articolare e catalogare gli eventi in tutto ciò che sperimentiamo nella vita. Ecco perché dobbiamo utilizzare l'intenzione al posto del giudizio e del pregiudizio, mettiamo nella nostra vita sempre la volontà di percepire le esperienze con le intenzioni migliori secondo le nostre volontà. In un certo senso sia il giudizio, sia il pregiudizio, sarebbero da ridimensionare o addirittura eliminare dalla nostra esistenza, perché possono solo deviare i risultati di ciò che vogliamo ottenere dalla nostra stessa vita.

Alcuni di noi usano il pregiudizio come forma di difesa o di mancata volontà nel reagire o fare una determinata esperienza, in questo caso, in molti, direi, il pregiudizio è una sottoforma di paura. Potrebbe essere la paura di un insuccesso, come quella di perdere semplicemente tempo nel provare a uscire da una determinata situazione o da una vita che sentiamo come non essere più idonea per noi, ma allo stesso tempo crediamo che non vi siano altre scelte migliori per noi. Quando domandai agli angeli, qualcosa sulla paura mi risposero in questo modo.

La paura è uno stato d'animo che ferma il processo di esperienza nell'essere umano. A volte in casi minori è utile affinché possiate sperimentarla, è questo il motivo, che entra a far parte di quelle che sono le scelte di vita.

Un essere in carne ha la possibilità perpetua di scegliere con quale stato d'animo affrontare e sperimentare la sua vita, l'essere umano ha la possibilità di proiettare per se stesso la vita per come intende vederla, assimilarla e proiettarla. Chi in tempi remoti ha potuto riflettere su queste scelte universali (i pensatori), ha approfittato sugli altri suoi simili per scopi non proprio collettivi e di crescita globale, come si sarebbe dovuto fare secondo un patto di creazione di cui non vi è più memoria, né umana, né coscienziale. Dei segreti o regole che un tempo era di pubblico utilizzo, purtroppo, i più astuti hanno utilizzato a propri scopi di dominio, questi effetti prodotti dalla scelta basata sul libero arbitrio creando così dominanza e potere. Queste scelte come la gioia, il coraggio, la paura, sono le leggi della crescita dell'esperienza che, la fonte di creazione (dio), ha riservato per tutti gli esseri dotati di pensiero riflessivo e non solo d'istinto naturale. La paura agisce mostrando immagini di ciò che appare sul nostro cammino in modo distruttivo, scatenando nella fase di reazione emotiva il ripudio o il blocco totale nel fare un - tipo di esperienza.La paura non è altro che un disaccordo tra la volontà di creazione dell'anima secondo il patto remoto di creazione e il corpo – mente, il quale contrasta con l'emotività (emotività –

vortice che si crea nel miscelare volontà e reazione), la reazione fisica per fare in modo che il veicolo corpo, si renda disponibile per poter sperimentare in accordo quell'esperienza sconosciuta. Ogni giorno è sempre la prima volta … ecco perché ami la vita così come la vivi, come ti si presenta … non conosci la paura perché per te è una nuova esperienza e come tale vuoi viverla. Ogni giorno è un giorno nuovo, ecco perché le difficoltà le vedi come sfide, come un gioco a premi, perché la tua vita ogni giorno è una vita nuova da scoprire, vivere, osservare, studiare, tentare. Fai magazzino solo delle cose che ti servono, solo quelle che senti tue, per creare poi il libro e la poesia della tua storia che altri racconteranno, difficilmente sarai tu a farlo perché il finale, spetta scriverlo a chi ti ha conosciuto …

IL CAOS E LA RESPONSABILITA'

Anch'io desidero un mondo senza regole, senza regole di dominio ... Per vedere le mie vere intenzioni ... Anch'io desidero una sorta di caos, un caos che mi permetta realmente di essere me stesso ... Per vedere chi realmente riuscirei a salvare o chi mi salverebbe ... Chi si unirebbe a me per una causa ... Chi assieme a me vorrebbe realmente cambiare in meglio. Entrare nelle vite delle persone in questi anni mi ha regalato la consapevolezza che i pensieri e le difficoltà delle persone, sono in realtà, anche le nostre. Pur nascondendoci dietro un falso filtro di scissione de nuclei familiari e di società, tutto ci accomuna dal ricco, al povero, dal gioioso al triste, dal forte al debole. Vorrei la libertà di movimento perché mi rendo conto che il pensiero da solo fa molto, certo, ma serve anche la libertà di movimento ... E la si ottiene solo quando tutti o molti, sono e soprattutto si sentono uniti in una sola vita.

Il caos purtroppo è inevitabile perché tutti lo desideriamo mascherandolo dietro ad una richiesta di libertà. In questi anni durissimi, dove siamo sottoposti a pressioni tra le più svariate, dalla politica, alla scarsità di risorse economiche, dalla scarsa possibilità di esprimersi alla ricerca della felicità, ci vediamo sempre costretti ai compromessi o a vedere nel nostro destino prossimo, dei muri altissimi di cui nemmeno riusciamo più a vederne la fine. La libertà tanto ambita verrà com'è arrivata la crisi mondiale, perché questo è ciò che chiedemmo tanto tempo fa, e una richiesta quando è espressa da più persone diventa proiezione reale e tutto quello che globalmente volevamo, si manifesta. Così sarà per la manifestazione della tanto ambita richiesta di libertà, perché questo è ciò che tutti ora desideriamo in modo collettivo, ma in ogni caso, il caos non potremo evitarlo poiché fa parte di una necessaria procedura di re-settaggio. Solo in questo modo potremmo riuscire a ricostruire daccapo il mondo che vogliamo, questo poi, si rifletterà nelle singole famiglie e tutto sarà migliore. Dobbiamo riuscire a pensare per il nostro bene e contemporaneamente per quello degli altri. Non raggiungeremo mai una vera felicità e un mondo migliorato se non crediamo in una collettività esistenziale, vale a dire che tutto è uno e uno è tutto. Non costa nulla riflettere il nostro bel pensiero o desiderio per noi e allo stesso tempo anche per altri, non si fa assolutamente fatica. Un giorno gli angeli mi consigliarono, *quando cerchi la felicità per te stesso, cercala anche per gli altri e, se non trovi il modo di proiettare questo, allora trova nella tua scelta la cosa che potrebbe condurre in miglioramento anche altri.* Questo è il seme dell'intenzione che tutti abbiamo, ognuno di noi ha questo seme neutro, il seme neutro che conserva solo le informazioni di nuova vita, noi lo dobbiamo fecondare e seminare con le nostre buone intenzioni e da quel seme crescerà una sana e forte pianta, un nuovo albero della vita. Quando pensiamo a noi stessi, e ci mettiamo nella volontà di essere felici di ciò che abbiamo, di voler valutare cosa realmente ci sta a cuore, ecco che iniziamo la proiezione del nostro nuovo essere in beatitudine con noi stessi, iniziamo così a proiettare il nostro nuovo essere verso tutto e tutti, e, tutto e tutti, risponderà a noi con la stessa frequenza. Inizieremo a ricevere per risposta e aiuto ciò che abbiamo per primi emanato e proiettato, seminato con le nostre intenzioni nella vita quotidiana. Chi si pone in modo ricettivo su queste proiezioni avvertirà il benessere che lo pervade quotidianamente, anche senza un apparente motivo, ma sarà felice e inizierà a proiettare e seminare quelle sensazioni che si sentono come buone, unendosi alla fonte nuova collettiva della rinascita.

Come detto prima il caos è inevitabile perché come in tutte le cose per ricevere novità, cambiamento, dobbiamo liberarci e smantellare quello che non serve più, per fare posto alle novità. Dobbiamo liberarci delle cose e abitudini che non ci servono più, è un po' come quando cambiamo casa, sì, andremo a stare meglio, possederemo una casa nuova, più ampia e ospitale, ma il caos del trasloco, della scelta sul nuovo mobilio, quella dei colori delle pareti non si potrà evitare. Un meraviglioso esempio mi fecero gli angeli quando un giorno, volevano istruirmi per il prossimo futuro, e per aiutarmi a crescere nel mio cammino mi dissero, *Roby, ora devi dimenticarti del tuo passato, liberati delle scorie che non servono di tutti gli insegnamenti che ti abbiamo dato in questi anni, dimentica e, fai posto in cuor tuo per i nuovi insegnamenti.* Inizialmente domandai loro come potesse essere possibile dimenticare gli insegnamenti del passato che, mi avevano fatto diventare quello che sono oggi? E come avrei potuto insegnare ad altri ciò che conosco, Se mi fossi realmente svuotato di tutto il mio passato in quanto, quegli stessi insegnamenti di cui oggi li porto dentro di me, per insegnamento ed istruzione per altre persone, provenivano proprio dal mio passato?

Gli angeli con tutta sicurezza mi risposero con un esempio dicendomi, *pensa a quando eri un bambino di pochi mesi, mentre iniziavi ad apprendere per muovere i primi passi, inizialmente, pensavi a come dovevi appoggiare i piedi per non cadere, ma ora che stai camminando da anni, pensi ancora a come appoggi i piedi per camminare e, arrivare ad una meta o un luogo che desideri raggiungere? No, ora cammini e basta, senza pensare a ciò che hai già assimilato in te come informazione. Quell'informazione di come appoggiare i piedi ora è stata fatta tua, non serve più pensarci.* Ciò che voglio dire è che tutto dipende sempre da come vogliamo vedere le esperienze della nostra vita. Nessuno vivrà per noi, nessuno sceglierà per noi, quindi non è colpa di nessun altro se non siamo felici di ciò che ci accade all'infuori che nostra. Tutto ciò che si manifesta nella nostra vita, sia a lungo termine che a breve termine, è programmata da noi.

Le esperienze che ci accadono nel quotidiano molte volte, sono affrontate con distrazione e si presentano cose spiacevoli che comunque succedono nel normale corso della vita ma, prestandoci più attenzione possiamo gestirle molto meglio. Siamo da sempre abituati a guardare e a programmare le nostre aspettative proiettandole nel futuro come se il presente, così a un breve passo dal passato non sia importante, ma non è il modo giusto per vivere se scegliamo di gustarci la vita. Del futuro nessuno può realmente sapere ciò che accadrà, possiamo solo provare a immaginare cosa, vorremmo dalla nostra vita, ma prima, bisogna costruire le fondamenta del quotidiano.

COME STA VIVENDO L'UOMO OGGI

L'uomo è nella fase della rinascita collettiva, tutto ciò che fa attrito nel vostro vivere, è sempre e solo una miscela fatta di paura e di ego. Chi crede di dominare diventa schiavo di se stesso e della sua stessa idea di divinità, chi ambisce al dominio è solo un'altra esistenza che perdiamo nel progetto di salvezza, non si vuole comprendere che, solo con la condivisione e con la libertà assoluta ci si avvicina a Dio. Il dominio porta schiavitù sulle teste di tutti ma il primo a esserne schiavo è proprio chi vuole dominare, volendo dominare non fa altro che costruire intorno a se nemici, e ambiziosi di un qualcosa che chiamate potere, ma che in realtà non esiste.

Chi vuole il dominio costruisce intorno a sé la paura di perdere, di non essere più un giorno all'altezza di dominio sugli altri e su tutto. L'ambizioso di dominio inizia da subito, dal momento in cui inizia a sentire in sé la necessità dominante di se stesso a creare la gabbia della sua paura, della diffidenza nei confronti di chi vuole dominare. *Non sarà mai libero colui che teme se stesso.* Oggi più che mai dobbiamo pensare che tutto e tutti è e sono, connessi con noi e noi lo siamo allo stesso tempo con altri e altro. Conduciamo molte vite differenti, non tutti vogliamo la stessa cosa, non tutti possono fare la stessa cosa, ma questo non basta a dividerci pur vivendo apparentemente vite separate tra noi. L'ambizione di crescita nella società è l'istinto di sopravvivenza che troviamo nella vita fuori dal sistema che ci siamo creati, abbiamo solamente cambiato luogo e nome, ma tutto continua a collegarci a ciò che fa parte della vita, sia animale sia vegetale. Siamo materia e spirito, e su questo piano dobbiamo conviverci. Come mi dissero gli angeli tempo fa, noi siamo come le tessere di un puzzle, vi lascio il messaggio per intero, completo della conversazione originale perché anche nel dialogo tra me e loro si trova un insegnamento.

Voi caro Roby, vivete nella vostra unità riflessa e integrata al grande disegno, voi riflettete la vostra immagine della vostra esperienza di vita in un contesto di unico disegno più grande e vasto come le tessere di un puzzle, ogni tessera riporta il suo essere, la sua immagine singola, che unita ella altre tessere formano un disegno unico e più vasto. L'unione dell'immagine di ogni singola tessera possiede le caratteristiche di quella che l'avvicinerà. Dentro ognuno di voi, risiede un'immagine unica che unita alle altre, forma un'unità, siete unici nell'unità globale.

Io: vi ringrazio di quanta importanza mi date, mi sembra così strano e mi fa sempre pensare <perché proprio a me?>.

Gli angeli: *Tu sei molto importante, l'unico a non crederci sei solo tu. Tu sei te stesso come detto prima e sei tutti o tutto, se al tuo posto ci fosse stato come dici un'altra persona, anche questa avrebbe pensato la stessa cosa, "perché io ?"Quindi tu sei semplicemente te stesso e un altro contemporaneamente.*

Io: È bello parlare con voi, mi fa onore il fatto che vi manifestate a me con tali insegnamenti.

Gli angeli:

Noi parleremo con te all'infinito durante il trascorrere delle tue giornate, ma hai anche una vita terrena da seguire e ci limitiamo a comunicare con te quando ci viene meglio farlo. L'onore è anche il nostro, il codice che in te riusciamo a comunicare, è importante e tu riesci a meraviglia nel interpretarlo e trasformarlo nella tua semplicità, i tuoi occhi hanno visto e osservato la vita, e da essa trai le traduzioni del nostro comunicare a te per gli altri. Grazie che provi amore per noi quando ci incontriamo.

Siamo con te, sempre.

LA GRANDE GUARIGIONE

Nella maggior parte dei casi la guarigione dell'anima la si ottiene con la consapevolezza di ciò che siamo e ciò che vogliamo veramente, dalla manifestazione che nelle nostre intenzioni, ci sia sempre l'amore per noi, riflesso intorno a noi su tutto. Quasi tutti noi crediamo che per essere giudicati buoni, generosi, si debba sacrificare la propria persona e la propria ricchezza e metterla in pasto ad altre persone, possibilmente, se tutto è coronato da un risultato del tipo, mi hanno spogliato e poi smembrato, tanto meglio, entrerò nei santi! In realtà è solo un'utopia.

Nessuno sarà mai in grado di donare se per primo non è ricco, ricco di tutto ciò che è il suo talento di vita sia si parli di materia, sia, si parli di animo. Per prima cosa bisogna arricchirsi per se stessi, e poi rendere questa ricchezza indelebile dentro di noi, così facendo tutto ciò che abbiamo assimilato e fatto nostro come ricchezza consapevole di noi stessi, potrà essere donato, ma non sarà mai donato ciò che serve anche a noi, sarà solamente donato la consapevolezza della ricchezza. A mio avviso non è un bene donare ad altri ciò che si ha, ma è saggio donare il modo con cui si è riusciti ad arricchirsi, così non ci sarà sempre e solo un ricco bramoso di donare e un povero assetato, ma vedremo sorgere sempre più ricchi. Questa è la consapevolezza di noi stessi! Tentare di crescere sempre più e voler capire fino in fondo chi siamo e cosa possiamo fare, e soprattutto, cosa ci riesce meglio fare, cosa vogliamo diventare, ma prima, bisogna togliere le paure, si riesce ad ottenere ciò che vogliamo solo riconoscendole, affrontandole. Le paure non vanno mai affrontate con la rabbia e l'ostilità, dentro di noi dobbiamo sempre provare amore per noi, anche nello scontro con noi stessi, dobbiamo cullare, guarire, la parte malata di noi non estirparla, solo in questo modo saremo completi e ricchi. Quando raggiungiamo lo stato di consapevolezza di noi stessi, notiamo che tutto è più bello attorno a noi, tutto è meno nemico.

Quando siamo incompleti, inconsapevoli di noi stessi, molte sono le cose che ci appaiono nemiche, molte sono le persone che ci appaiono nemiche e pericolose.

Al raggiungimento della nostra completezza, della nostra consapevolezza su chi siamo e cosa vogliamo da noi stessi, scopriremo che molti nemici erano solo immaginari, proiettati da noi, dal nostro stato di consapevolezza troppo magro. Tutto prenderà una forma più morbida davanti ai nostri occhi, tutto sarà profumato e accogliente anche per noi, arriveremo a comprendere meglio che ciò che stiamo facendo per noi è automaticamente un bene e una ricchezza anche per altri ricercatori di essenza, ci sentiremo necessari e ricchi, e comprenderemo che la via è buona. *Non lasciare spazio a chi t'intorpidisce il cuore e nemmeno incolparlo, a volte colui che intorpidisce lo fa non sapendo che c'è posto per tutti e c'è tutto per tutti e non capisce ancora che, a nulla serve affannarsi verso il voler attingere a un segreto, che segreto non è, e ad un'essenza, che cresce man mano che viene attinta.*

Coloro che cercano la ricchezza e non hanno ancora trovato nel loro percorso un maestro che possa aiutarli a completare la loro crescita, spesso agiscono con rabbia, ferendo chi, anche se inconsapevolmente, considerano ricco e potenzialmente in grado di donare loro la via della consapevolezza. Molti di loro che personalmente chiamo *infiammati,* come le ferite non curate, agiscono spesso in questo modo, sono infiammati dalla necessità di orientamento e di sopravvivenza, tentano di procurarsi ciò di cui sentono la necessità agendo sugli altri con fare aggressivo. Una delle cose meravigliose della vita è il saluto che il giorno ti dà al mattino e l'abbraccio che ti dona la sera al tramonto, la cosa straordinaria a mio avviso è che in una ripetizione eterna a volte risiede la semplicità, quella semplicità però che ti aiuta a cavalcare ogni volta un giorno nuovo, sapendo che hai vissuto un giorno unico della tua vita ogni volta, e ogni volta si rinnova la promessa di un arrivederci. Quando riusciremo a scindere l'essere dal ruolo, quando riusciremo a tornare in noi ogni giorno, allora riusciremo a sentire quest'abbraccio che ci viene donato ogni sera, che nulla ci vuol togliere, ma al contrario, vuole donarci la memoria di chi siamo e vuole ricordarci quanto siamo comunque amati incondizionatamente. Tutto attorno a noi farà sentire la sua melodia dell'esistenza, tutto si mostrerà a noi come vivo cancellando piano piano, le distorsioni che abbiamo assimilato dall'esistenza di alcuni dei nostri predecessori. Questo potrebbe essere un buon inizio di volontà all'acquisizione di se stessi e a tentare di modificare la proiezione della nostra esistenza. Da ora, facciamo esperienza senza timori, senza nemici, apprezziamo ogni cosa e giustifichiamo con un'attenta analisi tutto ciò che ci accade senza porre pregiudizio alcuno. Nessuno insegna a un altro, al massimo si riporta alla memoria un qualcosa di dimenticato che già era in nostro possesso. Chi ambisce alla grande guarigione deve sapere che la otterrà solo quando lui per primo soffocherà la bramosia, la paura, il dubbio, chi ancora è in preda a tali sentimenti è cieco.

Molti vivono nel proprio ego anche nel soffrire, vivono costantemente in sfida alla vita per ego, si sentono più vivi, ma per quelli che saranno messi in ginocchio dalle loro scelte, non vi sarà salvezza.

Ciò che intendo dire è che ora è giunto il momento di aprire gli occhi del cuore socchiudendo quelli fisici, la ricchezza, la grande guarigione, inizia dall'ascolto di noi stessi, impariamo ad ascoltarci, per un po' di tempo proviamo a identificarci come se fossimo divisi in due personalità, una è quella che sta già agendo e l'altra è quella che vorrebbe agire. Troviamo un punto d'incontro tra le due personalità tentando di accontentare entrambe senza anteporre all'ascolto e alla riorganizzazione di equilibrio di noi stessi alcun *come, ma, se, non,* ascoltiamo cosa vorremmo realmente modificare della nostra esistenza e iniziamo a voler accontentare entrambe le personalità.

Facciamo questo esercizio fino a quando nel nostro petto, esattamente all'altezza del cuore, non sentiamo una fiammella ardere costantemente a qualsiasi ora del giorno e della notte, a quel punto potremo riaprire gli occhi fisici perché avremo ottenuto la consapevolezza di noi stessi e di ciò che vogliamo fare ed essere, gli occhi fisici serviranno per dare orgoglio e ragione a ciò che abbiamo fatto, a quel lavoro enorme che abbiamo fatto. Abbiamo riacceso la vita in noi, siamo riusciti a stare bene con noi stessi, ci siamo conosciuti, cosa che prima non sapevamo potesse essere possibile. Conoscere se stessi e vivere in armonia con se stessi, questo lavoro ci salda e sincronizza, dandoci la forza di proiettare attorno a noi il nostro stato di beatitudine costante, questa è la grande guarigione! Inizieremo a emanare vibrazioni di felicità apparentemente ingiustificata ma, che in realtà è giustificata dal dono della vita, le cose che toccherete, i luoghi che frequentate e le persone che incontrate, avvertiranno in voi questa beatitudine e la vorranno anche loro, vi chiederanno di essere vostri amici, vi ruberanno il vostro sentire la vita, lo modificheranno come un vestito per loro e voi avrete fatto tanto non facendo nulla.

Fino a che non imparate ad amare voi stessi per voi stessi, e non per essere amati, non vi sarà mai guarigione.

Bisogna imparare a essere al centro di se stessi con facilità e sempre bisogna cercare di amare e sentire se stessi. Fino a che continuate a perdere fiducia e speranza in ciò che si è, e si vuol diventare, allora non si troverà mai guarigione. Se s'inizierà ad amarsi veramente per se stessi, e non per essere amati, allora i miracoli accadono, diversamente rimangono parole, teorie, pensieri, desideri, proiettati sempre nel vuoto.

IL SENSO DELLA VITA?

Davanti a un mondo che ormai conta le ore rimanenti che porteranno al collasso globale io, sorrido compiaciuto, osservo, abbasso il capo in segno di comprensione, poi volto lo sguardo al cielo ... Stringo gli occhi verso un sole che viene a scaldarmi ... Sorrido e mi rattristo per un attimo, al pensiero che qualcuno possa pensare ... E'finita !

La fine non esiste, ma esiste un nuovo inizio, quell'inizio tanto atteso che ci condurrà alla volta di un nuovo volto della vita. La meravigliosa danza della vita vibra, suona e colora nello stesso momento. Nulla esiste di così perfetto, anche in ciò che viviamo senza comprendere, che sia questo il senso della vita? Non potendo sapere tutto? Vivere costantemente nell'illusione di aver capito e poi accorgersi che hai capito solo un piccolo passo del lungo cammino? Con gioia e solletico nel petto tiro un respiro, e fisso l'infinito con orgoglio di essere stato scelto nella danza della vita.

La vita è molto strana, oserei dire affascinante su molti aspetti.

Mi rendo conto sempre più che vivendo nella semplicità, sempre più ci si sente liberi da schemi, liberi da dipendenze materiali e soprattutto liberi da desideri che un tempo magari consideravi vitali, obbligatori per non sentirsi esclusi dalla società. In vero dico che ci si sbaglia a volte a usare le parole che crediamo dettate dai pensieri, la semplicità non è povertà ma ricchezza, poiché la ricchezza inizia nello smantellare le ipocrisie che noi stessi ci mettiamo davanti al cammino della vita. La ricchezza rimane sempre di chi possiede molto, ma dobbiamo solo capire meglio quel *molto* come interpretarlo, quel molto è frainteso nella corsa del volere per essere ma, quando sei, quando decidi di essere, la ricchezza diventa volontà nel non volere. Quando non desideri tutto, arriva con semplicità, quando non ti preoccupi di ottenere tutto ottieni, ma questo non è un metodo, è un sentire, sentite con gioia senza desiderare o meglio, desiderate con gioia come se immaginaste, quanto sarebbe bello provare quell'esperienza e questa vi si presenterà. Non tentate di mantenerla una volta raggiunta, non fatela vostra, ma gustatevi quell'esperienza con gioia e consapevolezza che, potrebbe lasciarvi da un giorno all'altro e di conseguenza gustatevi ogni minuto del vostro tempo in compagnia di quell'esperienza, qualunque essa sia e non sentendosi legata, questa rimarrà per scelta e non sentirà il desiderio di allontanarsi da voi. Accadrà che un giorno, questa esperienza si allontanerà da voi, allora in quel momento vi sentirete abbandonati, traditi, non più amati e soffrirete come mai avete sofferto, se non vi abituiate a godere di ciò che avete senza volerla possedere, senza volerla imprigionare a voi, soffrirete rovinando così anche il ricordo di ciò che è stato in quell'esperienza, demolendo inconsciamente tutto il bello e la ricchezza che vi ha donato. Non esiste l'eternità nella vita fisica e nemmeno possiamo tentare di acquisirla o donarla, non rientra nel progetto della vita terrena.

In carne non ti dirò mai …

In tutte le cose serve l'equilibrio, se amate follemente una persona, un animale o qualsiasi altro essere vivente non ditegli mai, fissandolo con amore quasi incondizionato.

… Ti darei l'eternità per quanto ti amo! …

Questa gli sarà data per premiare il vostro amore, ma la nostra natura umana, in carne, non capirebbe quel desiderio esaudito, scambiandolo per una punizione.

Quando mi reco da persone che ritengono sia necessario il mio intervento molte volte, la maggior parte delle volte, noto che chi, mi ha interpellato tra le righe mi chiede un miracolo e, non una rivelazione, incontro ragazzi molto giovani seduti su di una carrozzina, privi di autosufficienza, li guardo e inizio a soffrire, mi sento piccolo, insignificante, inutile.

Inevitabilmente ci si sente in questo modo, perché quando assisti questi ragazzi non sai come realmente procedere, il mio cuore darebbe loro la salvezza ma ciò che mi è stato insegnato dagli angeli è proprio il concetto di salvezza che va tradotto *bene* in noi uomini.

Vorrei dire ai genitori di questi ragazzi che per loro e per Dio, il concetto di salvezza è quello che noi interpretiamo molte volte come una punizione aggiunta alla sorte di questi, vorrei dire ai genitori, ascoltate veramente il cuore e non la necessità di trattenere. Pur sentendomi insignificante davanti a tali situazioni, penso nell'immediato, dopo che la mia sofferenza è mutata in amore per questi giovani ragazzi che non sarò certo io in pregiudizio a negare loro la possibilità di salvezza, e chiedo sempre a Dio che sia fatta cosa giusta.

La comunicazione con angeli e maestri di vita del passato, mi dona molta ricchezza ma altrettanto, mi dona una visione più completa del concetto di vita e quando mi sento dire dalle persone che quello che ho ricevuto è fantastico annuisco ma vorrei poter far sentire cosa prova in cuor proprio uno come me. Sono di carne e ossa anch'io, ho una famiglia come tutti e non sono esente dal normale corso della vita come tutti coloro che incontro, non sono un privilegiato, sono solo un uomo al quale è stato dato un compito. Spesso durante questi incontri con persone o ragazzi in serie difficoltà, mi viene fatto sentire il loro stato d'animo, il loro reale pensiero e sento il mio petto che si contorce sapendo che nulla mi appartiene di ciò che porto, e che dovrò solo mettermi a disposizione perché tutto si compia senza sapere come andrà a finire. Convivo con il dubbio ogni volta, convivo con il timore di illudere, poiché vorrei dare speranza e certezza, ma non so come spiegare speranza e certezza nel nostro esprimere, quali frasi utilizzare al meglio? Non è accettato il mio sapere da chi scambia una grazia per una punizione, la probabile scelta di abbandono del piano di vita terreno.

Dio e gli angeli sono tra noi costantemente per aiutarci. Costantemente ci sussurrano che loro ci sono, che dio c'è. Si è vero Dio non si può definire in una forma specifica poichè la sua grandezza è tale da poter anche spaventare.

Non è la sua grandezza a spaventare ma la sua forza, il suo equilibrio, la sua calma e corrente continua nel amare noi e tutto ciò che ha creato. La paura che potremmo avvertire è la nostra mancanza, la nostra assenza. Non temete mai nulla, vivete un solo giorno come mai avete fatto, se provate il desiderio di dire ad uno sconosciuto ti voglio bene, fatelo! Se provate il bisogno piangere, fatelo! Ovunque voi siate, vedrete davanti a voi quanti cuori diventeranno burro e quante lacrime vi terranno compagnia.

In quel momento di liberazione manifesterete la vostra volontà e contemporaneamente quella di Dio senza dubbio alcuno, l'unica cosa che nella nostra esistenza non richiede fatica e sacrificio, è credere che qualcuno ci voglia aiutare e ci vorrebbe consigliare, vorrebbe essere ascoltato. Proprio per questo non lo facciamo o lo si crede inutile, perchè non ci chiede nulla in cambio. Questo sigifica vivere con gli angeli e con Dio amare senza regole, senza pretendere nulla in cambio perchè nulla dovrai più desiderare, tutto, ma tutto, arriverà senza sforzo. Se prima non ci manifestiamo amore, non potremo chiedere che ci venga manifestato. L'amore incondizionato è ciò che a noi viene manifestato quotidianamente, l'amore incondizionato non può essere emanato dall'uomo in quanto, questo tipo di sentimento è possibile emanarlo solo a chi non è in carne, solo a chi è nella forma di luce della creazione. L'uomo da sempre, da quando proferisce verbo, tenta per ego di riempire il pensiero e il dialogo di adornamenti verbali, ma con il tempo ha dimenticato su molti aspetti il vero senso di esprimersi. La vera interpretazione dell'amore incondizionato deve essere associata per l'appunto, in modo incondizionato e quindi in modo universale prima di tutto. Noi esseri umani non siamo in grado pur volendo, nemmeno ad aspirare di emanare tale sentimento, poiché per noi sarebbe la morte, la rinuncia alla vita in carne, a quella detta esperienza di vita sul piano terrestre.

Dico questo perché si parla di una probabile verità, perché sarebbe la morte? Perché chi ha generato la vita e i suoi equilibri, con i suoi ospiti, con le loro necessità, lo ha fatto con lo stesso amore per qualsiasi cosa avesse creato dalla sua volontà e non vuole arbitrare né per l'uno né per l'altro, ed è il motivo per cui ha scelto di farsi da parte affinché qualsiasi essere sulla terra potesse crescere secondo il proprio volere e sperimentare.

Ora, se noi provassimo realmente amore incondizionato, non uccideremo nessun'essere in carne esistente sulla terra, ma nemmeno taglieremo alberi per scaldarci e costruire dei ripari, non mangeremo nemmeno una semplice carota nata dalla terra poiché anche quella carota, gli alberi, gli animali in tutte le loro speci e forme sono vita, tutto nel loro insieme è vita, quindi amore di creazione, se realmente provassimo amore incondizionato sarebbe la morte, come faremo a sopravvivere? Colui che ha creato con amore incondizionato, lo ha fatto amando allo stesso modo ogni cosa che conosciamo, ogni forma in cui risiede in essa vita, non ha creato con differenze o con livelli di importanza e priorità, questo lo crediamo noi da millenni, ma questa non è una sola verità. Nemmeno una madre può emanare amore incondizionato come si crede spesso, perché una madre con il proprio figlio si arrabbia se non le da ascolto, oppure si sente delusa dalle aspettative riguardanti suo figlio.

Questo non è amore incondizionato, è amore materno. L'amore incondizionato non lo si può indirizzare solo su una forma di vita ma viene emanato su tutto ciò che è vita senza distinzioni, senza giudizio, amare incondizionatamente vuol dire creare e lasciare che tutto prenda il suo verso secondo il proprio libero arbitrio, noi uomini non siamo in grado di comprendere a pieno, non lo accettiamo, perché in noi vi è radicato il giudizio, a sentirci al vertice del senso della vita, abbiamo dedicato sempre più tempo a voler descrivere la vita dimenticandoci di partecipare in essa e comprenderla in tutte le sue forme.

Capisco che si potrebbe pensare di questo come ad un discorso molto estremo e rigido, ma anche la parola *incondizionato* che amiamo così tanto pronunciare e con tanta leggerezza viene citata, lo è …

CONVERSAZIONE CON GLI ANGELI

Oggi mi sono svegliato con ancora molta stanchezza addosso, di solito quando questo accade è perché mi sono messo in viaggio per attingere informazioni, oppure ho viaggiato nel mio passato. Nel pomeriggio mi sono andato a sdraiare sul letto sperando di ricaricarmi un poco, ma in verità non è servito a molto tranne che aver capito che mi stavano ripulendo e comunicando nuove sensazioni. Al risveglio ho continuato a comunicare con loro sentendomi ancora addosso la solita sensazione di assenza parziale su questo piano terreno.

La mia domanda rivolgendomi a loro è stata, *come mai mi sento giù di morale quando in realtà dovrei essere felice? Dopo quello che ho passato in vita mia, oggi dovrei sentirmi molto molto soddisfatto .. come mai?* Erano in due a rispondermi e mi hanno detto testuali parole.

Roby ti senti così demoralizzato perché in te ancora troppi sono i fattori che ti influenzano, il giudizio troppo duro che ti imponi, la sofferenza che hai provato e, che non hai ancora scaricato di quando ti ferirono.

Il mio pensiero durante questa domanda andava a circa 16 anni fa quando venni trattato da alcune persone come uno straccio senza alcun valore umano, la cosa mi feriva a tal punto che ne rimasi veramente molto scioccato, e che quel giorno mi era tornato alla mente. Non mi spiegavo, pensandoci, da dove prendessero certe persone, quella freddezza, da dove trovavano il coraggio di guardare negli occhi di due ragazzi giovanissimi all'inizio della loro vita senza provare un briciolo di amore. Gli angeli mi risposero, Roby non condannare quelle persone, per loro è tutto normale, ma non è normale che tu ne soffra in questo modo e soprattutto ancora oggi, il tuo vivere, sai già da tempo che, non collima moltissimo, con il vivere globale del sistema, rispetto alla vita e in questa spaccatura tra sistema e, vita , tu ne soffri, ne soffri a tal punto che non vuoi fartene una ragione.Il consiglio è fai come fanno gli altri in alcuni momenti ed è vivi con indifferenza questi accadimenti, con molta freddezza, altrimenti ne soffrirai per sempre. Il sistema Roby è creato dal cervello dell'uomo, e la vita viene vissuta dal cuore di ognuno di noi nella singolarità umana del tutto che lo circonda.

Questo è uno dei grandi ostacoli fra uomini e vita, sistema e vita, oggi date importanza ancora troppo a cose che, credete siano importanti e primarie ma che in realtà non dovrebbero nemmeno esistere, ad esempio, il lavoro, lo stato sociale, il denaro, come unico traguardo da raggiungere ... Ma questo è solo sistema, non si parla minimamente di vita, ma solo di proiezione su proiezione dello stesso scopo e, della sua creazione denaro e mente. Il cuore lo avete racchiuso nella cassa toracica e, pensate a lui solo quando vi avvisa che potrebbe cedere, altrimenti nessuno lo ringrazierebbe mai, vi preoccupate dell'anima solo quando nessuno vi sa dare una risposta o, una soluzione immediata come fate quando dovete sostituire un pezzo alle vostre auto, allora per voi inizia il panico, la depressione, il capriccio, e non vi volete assolutamente, nemmeno in quel frangente, assumere le vostre responsabilità, ma bensì cercate subito, forse prima ancora di chiedervi perché è accaduto ciò, di incolpare qualcuno o qualcosa, non riuscite a dire o domandare per primo dove avete sbagliato, chi e quando non avete ascoltato.

La progressione della vostra vita va sempre messa in primo piano e, va messa in prevenzione fino a che non servirà poi, nemmeno la prevenzione perché in accordo con il corpo, la vostra anima sarà in grado di produrre tutto il necessario, affinché la vostra esperienza di vita sia in perfetto equilibrio.

TRA VITA E SISTEMA

Esiste una grande differenza tra quella che conosciamo poco, che si chiama vita, e il sistema creato dall'uomo, che crediamo sia vita.

per quel che sappiamo di questo grande dono che non ci siamo guadagnati per riceverlo che è la vita, intesa come essere partecipi in modo puro, nella danza degli eventi naturali, di sopravvivenza, di riproduzione, e di amore, anche inteso come co-creazione, possiamo dire che differisce di molto dal vivere sistematico al quale abbiamo proiettato in esso il maggior interesse, tralasciando il sacro per il profano, credendo sacro ciò che è profano.

Dunque qual' è la grande differenza che in alcuni, se non in tutti gli aspetti, mettendoli a confronto, è opposta? Io credo fermamente che la differenza sia fin dai primi passi che muoviamo all'interno del vivere in un sistema artificiale, il sistema è allettante ma crea illusioni, mere illusioni, prima della soddisfazione e della gioia, semmai si riesce a raggiungere, ti crea l'illusione della necessità, poi crea il desiderio, l'ambizione, e poi ti lancia una serie di delusioni che altro non faranno che crearti paure , dubbi , dolore, e in alcuni casi ma non per tutti, ti premia con una nuova illusione, dandoti ciò che non ha valore alcuno, ma che ormai distratti, pensiamo solo al fatto di aver ottenuto qualcosa come premio. Nulla di ciò che ti riscatta dalle fatiche del sistema pagherà con la realtà, ma solo con nuove illusioni.

Una delle più diaboliche illusioni di tutti i tempi è il tarlo del denaro, che ha prolificato all'interno di tutti, che non sarebbe da condannare in quanto è solamente una vera illusione, ma chi sarebbe da condannare siamo noi, che abbiamo inventato il nostro veleno.

Il denaro non ha nulla da invidiare al veleno, perché con il veleno si muore, ma se utilizzato in dosi giuste potrebbe salvarti la vita, come ad esempio i farmaci. Ma il denaro riesce a creare malanni che non sono mai stati creati, che non esistono, ma riesce a creare illusioni di questi talmente a regola d'arte, da portarci a credere che tutto sia vero. Iniziano così le proiezioni illusorie di una malattia, tipo la depressione che , con il tempo può diventare anch'essa un proiettore di illusioni che il nostro corpo percepisce come vere, e crea quelli che conosciamo come tumori. La depressione io la metterei nella categoria dei tumori, perché anche da essa, una volta che ti ha convinto sul fatto che non riesci a colmare le tue necessità non hai scampo. Il sistema ci ha portati a dover calcolare, progettare, misurare, pensare, ci ha insegnato a dubitare per non rischiare di perdere le nostre illusioni ormai necessarie, intaccando anche l'amore per la vita.

La vita è molto differente, è molto più semplice, ma noi orami non le crediamo, siamo abituati a essere premiati solo se le cose si mostrano a noi dure, cattive, impossibili. La vita no, non ti da queste regole, l'unica regola per la vita è esistere, partecipare in essa, godere del dell'esistenza che ci è stata regalata. Quando sei partecipe in essa, non ti crea illusioni di necessità, ma al massimo avverti necessità vere per continuare ad esistere, come la fame, il bisogno di procreare, il bisogno di un riparo, non vi sono molte necessità per danzare con lei. Se potessimo tornare a vivere mettendo in secondo piano il sistema, ci accorgeremo fin da subito che, l'ottanta percento di ciò che crediamo vitale è solo una vera illusione. Vivere in simbiosi con il manifestarsi della vita non crea alcuno stress, alcuna ambizione, alcuna illusione, tutto ciò che ti mostra è a tua disposizione per partecipare in essa. Come tutte le speci viventi sul pianeta terra, che si sono evolute e adattate alle metamorfosi del pianeta, lo abbiamo fatto anche noi, ma con la differenza che non abbiamo saputo godere di ciò per cui abbiamo iniziato l'adattamento. Se valutiamo la lotta per la sopravvivenza direi che siamo stati ottimi partecipanti, sviluppando intelligenza, attrezzi per sfruttare al meglio i frutti della terra e, a trasformarci da prede deboli in abili predatori, questo è a mio avviso è una legge naturale ma , non è naturale il creare poi il predatore alla nostra portata, il sistema, l'inquinamento, la dipendenza del denaro, le finte necessità. Queste, ora unite, sono diventate il nostro predatore, e lo abbiamo creato talmente bene da renderlo subdolo e invisibile, potente, e spietato. L'eccedere nell'egoismo ci ha portati ad essere oggi non più degni di partecipare alla vita naturale, con nulla ci ammaliamo, sviluppiamo allergie, epidemie, viviamo nella costante attenzione che nulla ci sfugga di mano altrimenti per molti sarebbe la fine, abbiamo anche intaccato la regola della vita che naturalmente selezione solo esseri perfetti, con le giuste caratteristiche necessarie per partecipare in essa. Siamo arrivati alla corruzione di noi stessi. Per millenni abbiamo ambito a dipendere dalla scienza per studiare le nostre caratteristiche, poi abbiamo tentato di creare appositamente malattie per sviluppare farmaci, ora siamo deboli senza un sostegno artificiale, la vita non ci vuole più in essa e siamo diventati parassiti di una culla che era anche nostra. Abbiamo inniziato a dubitare della vita, a vederla come un nemico acerrimo e ostinato verso di noi, e abbiamo combattuto contro la natura quando in realtà era nostra madre, lo abbiamo dimenticato come fanno tutti coloro che giocano a fare la lotta poi, piano piano perdono il senso del gioco e iniziano a lottare credendo che sia per giusta causa, ma quella giusta causa non è mai esistita, la causa stessa non è mai esistita, tutto era iniziato per gioco.

Abbiamo ormai scambiato l'adattamento alla vita che muta con la lotta contro di lei, e ora crediamo che sia per giusta causa, ma la causa non è mai esistita. Crediamo di essere i primi nella scala dell'esistenza e della sopravvivenza, ma siamo deboli, non abbiamo più le informazioni che la natura oggi fornisce per vivere alla natura sia vegetale, che animale, abbiamo sempre necessità di corrente elettrica e petrolio per mantenere farmaci che ci tengano in salute, auto che ci portino da un punto all'altro del pianeta, di macchinari che lavorino e tagliano legno per scaldarci. Senza questi molti di noi perirebbero perché non abbiamo più le informazioni naturali, non abbiamo più anticorpi, la nostra pelle oramai è sottile per poter camminare scalzi, il nostro corpo si ammalerebbe il primo inverno senza antibiotici e aspirine, moriremmo nel giro di pochi anni. Gli animali no, loro nascono seguendo la selezione naturale, assimilando le informazioni della natura che gli permette di non ammalarsi così facilmente, non hanno allergie, non prendono facilmente bronchite e raffreddore come noi, allora in verità chi è il primo sulla scala della vita? Anche questa è una grande illusione che potrebbe portarci alla grande delusione.

CALMO E RESPIRA

Tentare di volare con gli angeli quando questi stanno in terra insieme con noi, rincorrere una vita nel vento quando il vento ci rincorre, rinnegare il tuo vivere per un vivere che non può ancora essere, Voler sapere, quando ancora non sai chi sei ti porterà alla pazzia di vita. Quella pazzia che è vita libera. Stai calmo, respira e ascolta, non parlare con te stesso. Il vento del tuo soffio, le ali tue angeliche sfiorano il mondo visto dall'alto, leggero t'innalzi verso un sole che brucia, brucia di passione. Dall'alto vedi ciò che vuoi lasciare, ti lanci in un cadere per tornare. Dove vai ?Stai calmo, respira e ascolta, non parlare con te stesso. Cadendo nel tuo essere amerai, saprai, sentirai, capirai che tutto ciò che cercavi era qui, bastava solo amarlo, viverlo. Nessuna scuola può insegnare ciò che deve essere T'insegneranno solo il conosciuto, non l'essere quello spetta a te, ma stai calmo, respira e ascolta, non parlare con te stesso. I pensieri e le parole avvelenano l'essere che cerchi, se ti vuoi trovare …Stai calmo, respira e ascolta, non parlare con te stesso.

LA MORTE E LA RINASCITA

Vedo la vita con occhi di chi l'ha perduta per una notte, e poi gli è stata donata ancora una volta. Vedo la vita come altra e nuova possibilità, conservando le esperienze passate, la osservo come se la vedessi attraverso ad una radiografia, vedo il suo senso, la sua anima. La sento come leggera e piacevole nelle vesti di chi l'ha già conosciuta e se la gusta, come un cornetto al cioccolato incurante di ciò che è distrazione superflua, ma allo stesso tempo, valorizzandola comprendendo anche le cose superflue, e tutto questo non ha prezzo. Oggi per me è festa, oggi è una nuova nascita sullo stesso piano di vita .

LA VOGLIA DI CONDIVIDERE

Molte sono le cose che vorresti scrive, molte sono le cose che a volte credi sappiano tutti, ma nel vero non è così.

Quindi scrivi senza timori, anche perché a volte tornare ai ricordi perduti solletica il cuore, e quel solletico nostalgico è il soffio della vita, quello che molti non sentono più, e hanno dimenticato di conoscerlo ...

L'INTENZIONE

Se anche tu credi di essere giusto ma in realtà sbagli, se anche tu credi di essere speciale ma non lo sei, se anche tu credi d' avere potenza di amore e benessere da donare, e in realtà non ne hai affatto, tutto ciò non importa …Unisciti ugualmente, perché ciò che conta .. è l'intenzione !

PORTARE L'ESPERIENZA

Nelle grandi conquiste del nostro sviluppo abbiamo molte volte ottenuto anche delle grandi prigioni, sto parlando delle prigioni che oggi impediscono l'uomo di vedere la vita nel vero verso, *nel proprio e soggettivo.. vero - verso.* Nessuno di noi è nel giusto, nessuno di noi è in torto, ognuno di noi è ciò che è, e ciò che vuole essere. Nessuno ha colpe, tutti siamo colpevoli allo stesso tempo.

Questi argomenti contengono il fascino della vita, la logica della vita, il paradosso della vita stessa. Noi viviamo per noi e contemporaneamente anche per altri e altre creature, per la terra, e allo stesso momento per la vita che sarà dopo di noi. Gli argomenti che possiamo trattare sono tutti importanti allo stesso modo e, allo stesso modo, sono articolati uiniversalmente proprio per lasciare spazio a quello che conosciamo come libero arbitrio. Nei millenni della nostra esistenza abbiamo cancellato quasi definitivamente quello che è per noi oggi un potere immenso, abbiamo dimenticato da non essere nemmeno più certi che sia mai esistito un patto tra essere e vita. Vale a dire il patto che, chi si fosse rincarnato, avrebbe dovuto portare con sé e, per tutti, creazione, notizia, sviluppo, secondo le proprie esperienze individuali. Erano ammesse le esperienze di servizio, che noi oggi vediamo come drammi, malattie, quindi negative ma necessarie per una crescita collettiva del disegno unico di vita.

Volendo fare un esempio empirico, direi che non tutti sono braccianti, medici, maestri e così via ... Ecco perché, nell'ambito delle guarigioni, alcune persone o animali non guariscono, mentre altre persone o animali, a differenza di questi ultimi vengono gratificati dalla guarigione; perché alcuni portano l'esperienza e l'informazione sulla malattia e altri portano l'esperienza della guarigione, entrambi, portano l'esperienza della diversità per un terzo che porta nel suo essere l'esperienza e la testimonianza del veicolo energetico di guarigione, tutti quindi partecipano alla danza delle probabilità di creazione senza che nessuno escluda l'altro, ma tutti, allo stesso modo, sono proiettati verso un unico disegno di esperienza. Dopo tutti questi anni che ho dedicato alla ricerca, mi sono quasi convinto del fatto che, a mio avviso, l'uomo potrebbe aver avuto più di un ciclo di esistenza e più cicli di azzeramento della specie. Ovvio questo è solamente un mio pensiero senza la minima certezza in ciò che credo, ma pensandoci un po' più con attenzione, potrebbe risultare una verità nascosta.

Ogni giorno nel mondo troviamo scienziati, antropologi, archeologi, che con le nuove tecnologie a disposizione e con studi più attenti, sono in grado di teorizzare ciò che dico, ad esempio le ricerche sui maya ci suggeriscono, con i ritrovamenti di alcune statuette che, un tempo l'uomo, avrebbe quasi sicuramente incontrato suoi simili scafandrati come noi oggi vediamo gli astronauti nello spazio. I dettagli di questi elementi ritrovati escluderebbero molte di quelle che noi per cautela, preferiamo ancora teorizzare.

L'uomo a mio avviso è già vissuto in molte altre epoche sicuramente, e le informazioni che conserviamo innate, probabilmente sono informazioni che hanno costriuito il nostro codice genetico. Per uno studioso è molto difficile riuscire a provare l'esistenza di ciò che è stato e in che modo è stato l'uomno molte ere addietro. Tuttavia rimangono nel mio scaffale di quelli che considero i maghi dell'impossibile, grazie a loro possiamo teorizzare e comprendere la nostra lunga esistenza. È saggio rimanere nelle teorie in quanto si lascia il beneficio del dubbio e quello di poter fantasticare sulla nostra passata esistenza, così facendo questi grandi studiosi ci rendo in un qualche modo partecipi nelle loro ricerche, differentemente sarebbe, se volessero certificare.

Certificando ucciderebbero la magia della nostra esistenza. Il cambiamento che noto nei giovani ricercatori è che a loro interessa solo la ricerca e non obbligatoriamente la certezza, mettono in gioco la possibilità di sbagliare, ecco perché teorizzano le loro scoperte, ed è per questo che si nota il cambiamento nella coscienza umana, inizia a comparire quella saggia e non stupida umiltà, si scaccia l'egoica volontà di scoprire e studiare solo per essere i migliori. Forse i giovani ricercatori hanno compreso che la condivisione aiuta la ricerca e il risveglio dell'uomo senza che nessuno ne abbia meno gratifica di un altro.

Questo è portare l'esperienza, unire i talenti e le capacità di ognuno di noi secondo ciò per il quale siamo venuti al mondo e, con quale bagaglio di esperienza. La mia ricerca ad esempio è solo teorica e a volte può essere fantasiosa, fino a che, non la si sperimenta nel nostro vivere quotidiano. Tutto si unisce ,dalle nuove teorie storiche alle teorie esoteriche, alcuni studiano un pezzo di quella storia , altri ne studiano uno differente, non temendo il fallimento, o la possibilità di non trovarsi combacianti nelle teorie, si arrieverà ad una verità sperimentabile elmeno in alcune parti. Cerdo che tutto ciò che stia accadendo, cioè la revisione della stroria, l'esperienze del mondo invivsibile, la teoria della fisica quantistia, abbiano come unico punto di arrivo il risveglio del uomo e la volontà di ridistribuire il potere vitale di ognuno di noi. Nei secoli bui e di smarrimento, come credo sia stato per l'umanità il medioevo, alcuni grandi della storia, inventori, pensatori, poeti, per sopravvivere alle torture e alle accuse di esseri demoniaci, e per evitare l'atroce sorte del rogo, hanno nascosto molto del loro sapere, e a volte lo hanno dovuto comunicare con la speranza che, un giorno forse, qualcuno ne sarebbe venuto a capo, con il rischio che rimanesse tutto nell'ombra. Oggi fortunatamente su molti aspetti abbiamo più libertà, o forse ne abbiamo fino a che non togli potere a chi è oggi ancora sovrano ,indiscusso, e potente. Probabilmente nel grande disegno era previsto anche questo, il cambiamento interno dei membri di questi sovrani, che a loro volta sentono che non sia più giusto credere indiscutibilmente, ma sia più saggio prendere in carico, valutare, sperimentare, e poi farne una propria verità da condividere con altri.

LA MIA RICERCA

In questi anni dedicati al voler comprendere il più possibile tutto ciò che mi è stato insegnato dagli angeli, ho finalmente scoperto dopo venti anni di ascolto e osservazione, che ciò che mi veniva detto o, meglio raccontato, aveva una fonte di verità che ricorda i tempi remoti di un'esistenza sconosciuta alle nostre memorie quotidiane, di cui molti non saprebbero dove collocarla, se nell' settore religioso, mitologico, o fantasioso. Gli angeli, come i maestri di vita del passato, in questo lungo periodo di ricerca, mi hanno raccontato di una sorta di masso di granito che fungeva da masso della sapienza, e pare possedesse tutti i segreti dell'esistenza di tutto ciò che comprende l'esistenza, e che di questo "masso" di conoscenza ne eravamo informati anche noi uomini, da cui abbiamo poi in futuro tratto le tecnologie, le medicine, e gli intrugli derivanti dal petrolio per creare la maggior parte delle materie che oggi utilizziamo nel nostro quotidiano. Andando avanti con le mie ricerche, e volendo trovare sempre riscontri su ciò che mi viene raccontato e insegnato dagli angeli e i maestri, vi è anche un racconto che parla di un tradimento nei confronti di dio da parte degli angeli, dove spiegano, gli angeli, che Dio si prese una pausa dopo questo tradimento, per decidere quale metodo adottare in risposta o in rimedio a ciò che aveva subito, e la sua pausa di riflessione, tradotta in secoli per l'esistenza umana, corrisponde per Dio all'incirca a pochi anni del suo tempo. Mi hanno anche raccontato di una riunione tra angeli maestri e assistenti, che trovano una risposta in ciò che sto tentando di spiegare, Il racconto lo intitolai – **La riunione** – e lo scrissi nel mio secondo libro auto prodotto intitolato – **Un piccolo grande gesto** – che parla di un una riflessione in salvezza degli uomini e di come avrebbero agito in amore per noi, anche se l'uomo, avrebbe vissuto questa esperienza come una grande punizione o la fine del mondo, la differenza tra la visione di una punizione o di una salvezza, ovviamente rimangono soggettive. Tornando a parlare del tradimento, del masso di granito che, a quanto pare simboleggia la conoscenza e che, Dio avrebbe poi voluto decidere che fare in risposta di questo tradimento, Si narra dalle sfere angeliche che Dio venne tradito da una schiera di angeli, e così avvenne una divisione nelle schiere angeliche... (mi pare che una cosa simile sia narrata anche nella bibbia ma non ne sono certo), e che per rimediare a questo accaduto, si sia deciso l'annullamento di tutto il creato dall'uomo in sua salvezza, di tutti i falsi valori che l'uomo stesso aveva considerato primari e migliori nei confronti del vero dono che era la vita, portando inevitabilmente e inconsciamente l'intera esistenza alla sua distruzione.

Tempo fa, stavo leggendo il primo libro di Enoch scritto da Mario Pincherle al capitolo primo, parte seconda - Enoch etiopico - in cui con grande sorpresa si legge proprio di questo, ma devo ammettere che ho notato alcune differenze tra il racconto di Enoch e quello che avrei inteso io durante la conversazione con gli angeli e i maestri di vita. Le differenze credo siano minime, una di queste è che nel racconto da parte degli angeli, avevo inteso che la conoscenza era un masso di granito, ma in realtà o, secondo quello che si riporta nelle scritture di Enoch, la conoscenza non risiedeva in un masso di granito, ma venne o sarebbe dovuta essere seppellita sotto montagne di pietre e nascoste per lungo tempo fino a che l'uomo non sarebbe stato pronto per interpretare con *saggezza* questi segreti dettati dalla potenza universale. Si narra che un tempo gli angeli vivessero tra noi (e qui molte teorie si congiungono) e in quei tempi, alcuni di loro iniziarono, per amore dell'uomo a spiegare questi segreti, e l'uomo, li apprese senza aver conosciuto prima la saggezza e vennero interpretati in modo errato da creare disordine sulla terra, praticamente ciò che sta accadendo ora nei nostri giorni, e che forse è già accaduto altre volte chissà quanti milioni di anni fa. Personalmente ne sono a conoscenza di quei messaggi e ciò che trovo nelle scritture di Enoch è per me molto comprensibile. Gli angeli e i maestri quando comunicano con noi, utilizzano un linguaggio di sensazioni e non di parole, siamo noi che trasformiamo questi messaggi in parole per interpretarli, in pratica noi raccontiamo ciò che abbiamo compreso nel aver visto immagini suoni e sensazioni nello stesso momento e dentro o tramite noi stessi. Fungiamo come traduttori o lettori di codici a barra, tanto è vero che un giorno, durante un dialogo con gli angeli, mi dissero che a loro era gradito il mio modo di interpretare e spiegare il codice che mi si dettava in cuore. Quello che voglio provare a spiegare in tutta onestà, è che abbiamo una grande ricchezza oggi, che non è la saggezza, in quel caso Dio ha avuto pienamente ragione, noi non sappiamo distinguere ciò che è buono e ciò che è cattivo ed ecco che come dico sempre non esiste il giusto e lo sbagliato per noi, perché ancora non sappiamo come interpretarlo e farlo nostro questo concetto, e di conseguenza un qualcosa che non comprendi e non sai gestire, è praticamente come se non esistesse per noi uomini, ciò che non esiste è tutto ciò che non sappiamo gestire. La grande ricchezza che oggi noi abbiamo è la conoscenza per poter sperimentare e decidere su cosa fare dei risultati ottenuti, bene! Noi abbiamo una grande responsabilità allo stesso tempo, ed è quella di svegliarci e renderci consapevoli del potere che abbiamo, di comprendere che quel potere non ha intenzioni, siamo noi che possiamo aggiungere questo ingrediente per poterlo gestire, e abbiamo anche il ricordo della sperimentazione.

Se fino ad ora abbiamo utilizzato le antiche conoscenze senza saggezza riuscendo a sopravvivere comunque milioni di anni, e avendo avuto la fortuna di riuscire ad accorgerci che stiamo portando il nostro destino verso il disastro, allora come mai non ci assumiamo la responsabilità di riconoscere che siamo stati acuti, intelligenti, ma sprovveduti, e tutti in modo collettivo e singolare non iniziamo a sentire la responsabilità e la capacità di trasformare la conoscenza in saggezza? La frase che mi dissero gli angeli riguardo a quello che vi ho appena raccontato recitava in questo modo : *Dopo il tradimento che Dio subì, si prese una pausa per riflettere in rimedio, ma sempre agendo in amore per gli uomini e quindi rimase fermo, e trascorsero ben duemila anni per l'uomo. Gesù realmente venne mandato per salvare gli uomini, ma fallì il tentativo, non Gesù, il tentativo. Voi oggi come millenni ora trascorsi state vivendo l'epoca di colui che conoscete come satana e non l'epoca di Dio, ora nel cambio della nuova era, dio ha riflettuto come agire ed ha informato anche gli angeli, non manderà più uno solo a salvezza, ma molti che porteranno l'uno…*

Quello di cui parlava Gesù noi non lo sappiamo. Si narra che nel periodo in cui visse Gesù e, che predicò tra gli uomini non sia realmente stato tramandato del tutto e, quel poco a noi arrivato è sporcizia del vero. Quello che Gesù diceva purtroppo è morto sulla croce con lui volendo usare frasi forti, ma potrebbe essere la verità, in quel periodo fatto di preghiere e lezioni di vita che Gesù portava ai suoi discepoli, utilizzava un linguaggio simile a quello odierno ma che per quei tempi, non poteva essere compreso, Gesù aveva in se la conoscenza e la visione totale del tempo dell'uomo, venne mandato al mondo forse troppo puro e troppo potente.

Quando gli angeli si leveranno in cielo, alzeranno anche il capo, pochi sapranno guardarli negli occhi. A volte scambiamo un battito delle loro ali per un semplice soffio di vento.

Ciò che riporto in queste pagine, tengo a precisare che è la mia sola verità la quale vuole solo essere compresa e intesa come tassello aggiuntivo per migliorare se possibile il nostro vivere, comprende solamente in modo migliore da quello che già conosciamo. Mai sarà nelle mie intenzioni proporre le mie teorie, le mie ricerche e, le mie lezioni, come vere e assolute. Posso solo comunicare a chi, leggendo i miei libri che la via migliore è sempre raccogliere l'informazione e sperimentare di persona quando si vuole iniziare una ricerca dentro se stessi. Noi siamo fatti come tutto il resto che viviamo, tocchiamo, vediamo e sentiamo, sia col cuore, che con il corpo, siamo un universo dentro ad un altro universo che danza in un universo ancora più vasto. Per comprendere ciò che è più grande di noi, se cerchiamo dentro di noi e ci troviamo, comprenderemo senza fatiche ciò che sta intorno a noi.

In questi anni ho conosciuto molte persone che mi chiedono aiuto nel comprendere loro stessi e ciò che loro stessi manifestano nelle loro esistenze, e molto spesso noto che nella maggioranza dei casi ad un certo punto della loro presa di coscienza, si smarriscono, come se arrivassero ad un punto cieco, di paura. Quando questo accade è il momento di lasciarli soli e nudi privi di appigli di ogni genere. Succede spesso che mi dicono *sei cambiato, non ti riconosco più !* Ed io spiego a queste persone che non sono cambiato io ma loro, nel momento in cui arrivi a vedere con il cuore accade che inizi a crescere, ti svuoti di vecchie scorie che ti hanno accompagnato tutta la vita che ora sono inutili, iniziano a spaventarsi, davanti e dietro della loro esistenza non c'è più nulla. Mi viene rimproverato di averli lasciati soli proprio nel momento in cui avevano più bisogno dei miei consigli, e si arrabbiano come furie impazzite quando spiego che sono viziati, che loro non avevano bisogno dei miei consigli ma solo che qualcun altro facesse le loro scelte.

QUANDO CERCHI UN MAESTRO

Oggi si può cercare ancora un maestro di vita che possa inserirti nel percorso della tua esistenza, è necessario essere istruiti quando si vuole interpretare al meglio il procedere della vita stessa, è un ruolo quello del maestro, molto difficile, specialmente oggi con una società piena di ego, cieca, e che ancora non comprende la differenza tra il grande dono e la gabbia umana del sistema. Quando si inizia la ricerca di noi stessi, del nostro significato, del nostro compito, andiamo alla ricerca di qualcuno che magicamente possa sapere di noi, chi si affida ai cartomanti, chi ai veggenti e così via, ma pur se comprensibile questo comportamento, che altro non è che dettato dalla sete del sapere non condurrà molto lontano, e nemmeno aiuterà la vostra ricerca. Vagare per le magie non vi farà comprendere la vera magia della vita, troverete solamente piccoli squarci di una probabile verità, che altro non è, che una nuova proiezione della vostra mente. Nessuno può sapere di voi all'infuori di voi, nessuno ha la chiave del vostro scrigno, e nessuno ha il corredo della vostra esperienza sul piano terrestre tranne voi, è necessario trovare la vostra chiave per aprire il vostro scrigno. Veniamo al mondo con tutto ciò di cui avremo bisogno in questa esperienza, ma perdiamo la memoria di dove abbiamo lasciato la chiave del nostro bagagliaio. Un maestro vi aiuterà a trovare la chiave, ma non la cercherà per voi e, nemmeno assieme a voi, vi aiuterà solo a ricordare dove l'avete dimenticata. Un maestro che cerca per voi, o assieme a voi, non è un maestro, ma un tutore, un genitore aggiuntivo a quelli che già avete, così facendo un maestro, cercare per voi, o assieme a voi, vi farà crescere senza una parte necessaria della vostra evoluzione, a quel punto sareste dipendenti dal suo sapere, e assimilerete solo la sua verità che non è la vostra, e non vi servirà a nulla. La prima fase è forse la più importante,è proprio la ricerca, durante la ricerca scoprirete che non riuscirete ad assimilare, e scoprirete man mano che procedete che fate ancora più errori di prima, come mai? Semplice, perché la ricerca deve nascere da voi e deve essere fatta da voi, perché durante la ricerca di se stessi è necessario imparare l'abbandono di tutto quello che siamo stati, è necessario annullarsi e tenersi pronti a sentirsi umiliati e sentirsi addosso il senso dell'errore, dispiacere, abbandono, scoprirete che la responsabilità di ciò che eravate prima è solo la vostra. Man mano che queste esplosioni emotive vi pervadono, nasce in voi il desiderio di abbandonare la ricerca perché troppo sofferente, ma a quel punto, guardandovi indietro non vi piace più quello che eravate prima, e vi terrorizza ciò che potrebbe arrivare dopo. Iniziano i dubbi e le paure e non sappiamo più chi siamo e dove andiamo. La ricerca di se stessi ci porta una ricchezza immensa che il più delle volte spaventa, specie in una società come quella odierna dove siamo portati a credere di essere i primi assoluti e i protagonisti dell'esistenza. I valori di valutazione della società sono fatti della stessa materia delle illusioni che stesso il sistema ci ha proiettato, o meglio ci ha portati a proiettare per noi stessi. Ogni cosa gira intorno a noi, ma la verità è altra, nulla gira intorno a noi ma noi danziamo e giriamo *con* la vita. Comprendere questo non comporta una perdita ma un grande guadagno nella ricerca di se stessi e del senso della nostra esistenza. Comprendiamo così quali sono i ruoli di ognuno di noi, comprendiamo che siamo uguali ma differenti allo stesso tempo per esistenza e talento, non tutti vogliamo la stessa cosa, non tutti possiamo fare la stessa cosa, siamo unici nel grande disegno della vita, in un disegno non possono esistere due figure identiche, possono esistere due soggetti identici, ma non creano la stessa figura. Un maestro vi può aiutare a comprende questo, l'uguaglianza nella moltitudine di somiglianze, la responsabilità di ciò che siamo e che ci manifestiamo e, che manifestiamo ad altri contemporaneamente. Con l'acquisizione della responsabilità e del senso di uguaglianza nell'esistere con ugual diritto, vi porterà a provare amore, perché comprenderete che chi sta soffrendo, e che manifesta un'aggressività che avevate anche voi, prima di comprendere che era tempo di ritrovarsi, capirete che quella non è aggressività ma necessità, sete che dura da tempo, ed è giunta al limite della sopportazione. Sarete portati ad assistere e non ad allontanare perché comprenderete e riconoscerete in altri voi stessi.

Un maestro fa questo, vi conduce alla vostra verità non vi insegna la sua, ecco perché difficilmente troverete un maestro paziente, difficilmente troverete un maestro che completa le frasi, differente sarà la sua dimostrazione di amore che ancora non comprendete. Un maestro non vuole tornare a vivere la cecità e la sete, un maestro vi racconta e spiega come saziarsi. Molte persone durante la loro ricerca, si aspettano di essere coccolati e presi in braccio dal maestro, si aspettano un maestro dolce come il miele comprensivo, paziente e pronto a subire i vostri colpi impazziti dettati dal vostro mal d'esistere, ma non sarà mai così. Un maestro non torna indietro per nulla al mondo, non potrebbe farlo, perché ha raggiunto la sua verità, ha accettato la sua responsabilità, ha trovato se stesso, ha trovato Dio, mentre chi intraprende la via della ricerca, spesso si sente umiliato e abbandonato dal maestro, spesso si sente offeso da lui o non compreso, e si corre il rischio di abbandonare incolpando il maestro per la sua durezza. Ma se così realmente fosse, fino ad ora di cosa abbiamo parlato?

OGNI GIORNO

Ogni giorno è sempre la prima volta, ecco perché ami la vita così come la vivi, come ti si presenta. Non conosci la paura perché per te è una nuova esperienza, e come tale vuoi viverla. Ogni giorno è un giorno nuovo, ecco perché le difficoltà le vedi come sfide, come un gioco a premi, perché la tua vita ogni giorno è una vita nuova da scoprire, vivere, osservare, studiare, tentare. Fai magazzino solo delle cose che ti servono, solo quelle che senti tue per creare poi il libro e la poesia della tua storia, che altri racconteranno, difficilmente sarai tu a farlo perché, il finale spetta scriverlo a chi ti ha conosciuto.

Questo è uno dei grandi insegnamenti che mi è stato dato e che ho compreso, e che gli angeli assieme ai maestri mi hanno fatto notare. La vita andrebbe presa in questo modo secondo i loro insegnamenti, andrebbe presa come un gioco, come una nuova esperienza da vivere ogni giorno. Spiegano che non bisogna più conoscere la paura decidere di non incontrarla più dal momento che l'hai riconosciuta, bisognerebbe riuscire a vivere senza preoccupazioni e pesi inutili ma a noi oggi tutto sembra una vera follia, abbiamo il lavoro, la salute, la scuola tutte cose che ci conducono ad un'esisteza fatta di paure e tensioni. Con questo non bisogna interpretare a senso unico questi insegnamenti, ma semplicemente dovremmo provare a rimanere in ciò che facciamo con uno stato d'animo di divertimento, accettando anche le sconfitte, qualsiasi esse siano, tutto deve condurre la nostra coscienza a collocare queste esperienze nel catalogo delle cose che ti faranno crescere in miglioramento. Quando ti senti afflitto da un fallimento o perché non hai abbastanza denaro, inizi a preoccuparti, è normale, ma se riesci a mantenerti sereno e con forte fiducia in te stesso, sapendo che la vita non ti tradirà, molte saranno le cose che non accadranno, molte saranno le cose che accadranno allo stesso tempo che accorreranno in tuo aiuto. Noi siamo i proiettori della nostra vita. Tutto ciò che ci accade in realtà è proiettato o trasmesso da noi, secondo il nostro libero arbitrio, e la vita ci darà sempre ragione su tutto senza sindacare, al massimo potrà rispondere ad una tua volontà in modo a volte non proprio come credevi, ma solamente perché ti verrà dato ciò di cui hai realmente bisogno per essere o diventare ciò che vuoi nella tua esperienza di vita. Quando siamo depressi tutto ci appare come ostile , irraggiungibile, ormai siamo fuori dai giochi ci diciamo, non ho speranze! E fino a che si continuerà a pensare e proiettare queste sensazioni e questi pensieri sarà così, non credete ad una cosa? Avrete ragione, volete credere ma sotto stretta osservazione perché scettici? Va bene, questa nuova esperienza si mostrerà a voi con diffidenza e timidezza, proprio come voi la volete sperimentare. Proprio come solo voi avete decretato di volerla *muovere* e *modellare* nella vostra vita. A mio avviso questo è amore incondizionato, questo è ciò che dio riserva per noi, qualunque cosa tu faccia non proverò alcun sentimento all'infuori della gioia che tu stesso provi, ma se deciderai di vivere soffrendo Dio non interverrà, non soffrirà con voi perché sarebbe come condannarvi a soffrire per l'eternità, verrebbe proiettato su di voi il peso del fallimento e non la leggerezza della gioia e della rinascita di voi stessi. Se fate la scelta di vivere una vita piena di dubbi e drammi allora Dio vi dirà che avevate ragione comunque e avete fatto bene comunque, se quella era la vostra scelta. Siamo abituati a pronunciare parole con l'illusione che siano importanti e formulando in frasi i nostri desideri e richieste, crediamo sia sufficiente, ma non basta, anzi non serve a nulla la parola o il pensiero, ma bisogna sentire con il cuore, i vostri desideri dovete sentirli nascere dallo stomaco, passare dal cuore e poi sentirli in gola con il desiderio di esternarli, ma l'esternarli in parole è solo un nostro automatismo fisico.

VIAGGIO NEL VERO IMMAGINARIO

Giunti a questo punto della nostra vita cerchiamo un aiuto, sentiamo che da soli non riusciremo mai e iniziamo la nostra ricerca tra una lacrima e l'altra. Quello che ci è accaduto altro non è che, come detto prima, la proiezione di noi stessi, di ciò che pensavamo, di ciò che eravamo. Quella che sembra la fine della nostra vita dobbiamo imparare a vederla come un grande inizio, la vita continua, se qualcosa si è rotto nel vostro vivere, che solitamente è legato solo al sistema, vuol dire che quel percorso è giunto al termine, a nulla serve ostinarsi a salvarlo. L'ostinazione è un rifugio che creiamo per non metterci a nudo davanti a noi stessi, vogliamo risolvere il problema, ma non vogliamo sentirci liberi dai lacci della vecchia esperienza. Con rigidità viviamo le esperienze che ci si presentano, fallito un determinato lavoro ecco che ne falliremo un altro, se abbiamo sbagliato questa volta, sigifica che siamo poco ingamba ci continuiamo a ripetere. Se vogliamo crescere, tentiamo di non vedere una fine ma un nuovo inizio, proviamo a cercare in noi, altri talenti e riporre il loro le stesse passioni che mettemmo a suo tempo per l'esperienza passata, abituiamoci a sentirci pieni di talenti e sperimentiamo nuove idee senza lasciarci condizionare dai sensi di colpa e soprattutto vergogna. Tentiamo di conoscere meglio noi stessi visto l'accaduto trascorso e liberiamoci delle scorie del passato, della paura del giudizio di altri che giudici non sono, impariamo a vederci dentro senza paura. Iniziamo la progettazione di una nuova proiezione della nostra esistenza. Nel 2010 dovetti abbandonare il mio vecchio lavoro perché ero arrivato al termine della sua esperienza, non mi dava più nulla, né fisico né spirituale, era un percorso esaurito. Rimasi a casa per lungo tempo senza un soldo ne idee nuove, rimasi due anni seduto sulla sedia a riflettere tra un senso di colpa e l'altro. Un giorno, mentre rimuginavo come mio solito in quel periodo, ho sentito la forza di reagire, inziai a vederci chiaro e mi alzai in piedi dicendomi: ma io non sono povero, io sono ricco perché ora, posso ricostruire da capo una nuova esperienza, ma dissi anche, questa volta, però, la costruisco come realmente mi sarebbe sempre piacuiuto vivere. Iniziai dietro questa scelta a sentire dentro di me cosa realmente mi sarebbe piaciuto fare, l'idea che mi avevano suggerito gli angeli tempo addietro di scrivere i loro insegnamenti mi allettava molto, e mentre lo facevo sentivo che sarei stato in grado e che mi faceva stare bene. L'idea di trasmettere ad altri ciò che conoscevo mi piaceva, sentivo che era importante farlo. La mia tematica non è cosa semplice da tradurre in parole e poi trascriverla su carta, ma anche solo l'idea di provare a trovare i giusti termini mi dava sensazioni affascinanti. Dopo aver iniziato quella nuova esperienza di vita, iniziai a vedere che si apriva per me un nuovo mondo, mi si presentava poi l'occasione di creare la mia nuova vita secondo quelli che erano i miei sogni. Dietro tutto questo poi venne la ricerca vera e propria di me stesso che ancora oggi continua, ma sempre dandomi alla fine di ogni traguardo il dono della felicità, anche in casi estremi. Quando senti che la scelta fatta ti solleva come una giostra e ti diverte non fermarti, se una scelta fatta non ti da queste emozioni, prova a prendere in considerazione il fatto che, forse non è realmente una giusta scelta, abbandonala al più presto. Vivere dev'essere come ascoltare musica, se nelle note di una musica non trovate il piacere di ascoltarla ne cercate subito un'altra, e così dovrebbe essere fare la scelta di vita. Diventate i ricercatori di voi stessi, mattetevi a nudo, non mentite a voi stessi, parlatevi chiaro e se decidete la via della ricerca di voi stessi aspettatevi forti emozioni, quelle non mancheranno di certo. Quando vi ricercate inizia un processo delicato e molto articolato, ecco perché consiglio di rimanere romanticamente in ascolto e in attenzione a tutti i segnali che la vita e le vostre guide vi mostrano, perché tutto sarà meraviglioso, semplicemente meraviglioso, vi sentirete l'indiana jones della vostra vita. Iniziate il film della vostra vita, il racconto di essa, amatela profondamente qualsiasi cosa accada sanza paura, siate sempre consapevoli che siete nel vostro viaggio del vero immaginario.Vi accadrà qualcosa di spiacevole? Ok! Vediamo perché questo è accaduto, forse un insegnamento, un tassello in più per crescere sta mostrandosi, quando state viaggiando dentro il vostro essere, alla ricerca di voi stessi avendo fede che la vostra è una vita fantastica nonostante tutto e unica, vi potrebbe capitare che tutto, anche le cose spiacevoli portano ad una gioia, ad una crescita.

UN COMPITO INGRATO

Vi è mai capitato di avere un amico di cui fidarvi, con il quale avete condiviso una bella esperienza assieme di quelle uniche nella vita, uno di quelle persone che considerate equilibrate e sincere, poi un giorno all'improvviso senza un apparente motivo, vi aggredisce, vi sputa in faccia cose atroci su di voi, proprio quelle cose che non vorreste mai sentirvi dire? Bene, a me è capitato, come al solito non mi faccio mancare nulla. Un consiglio? Prima di rompere con questa persona, anche se vi ha fatto soffrire in quei momenti, riflettete, ascoltate, e ascoltatevi perché probabilmente dovrete ringraziarla da lì a breve.

Ovvio non per tutti i casi è così, non voglio dire che chi vi offende va ringraziato, ma in alcuni casi, quando vi sentite feriti da queste persone, rimuginate ciò che avete sentito uscire dalla loro bocca, in quel momento, mentre vi feriva non lo riconoscevate più, pensando e ripensando all'accaduto, non trovavate un reale motivo per il quale voi siate stati feriti e nemmeno il reale motivo per il quale voi vi sentivate così in astio verso queste, ebbene prendetevi una pausa perché sotto sotto c'è il trucco dei maestri o delle vostre guide spirituali. Se nel vostro percorso di vita orientato nel miglioramento e, quindi aspirate alla verità e alla saggezza, può accadere che le vostre guide credano necessario (e non si sbagliano mai) che voi dobbiate passare alcuni esami, e fanno in modo di prendere a campione una persona a voi cara e la mettono in condizioni di ferirvi sul vivo, che più vivo non si può in modo da condurvi a un esame che se comprendete perché in voi c'è la ricerca, allora la cosa si risolve, ma se in voi vi è uno spiccato ego ecco che la prova non la passerete, e sarà tutto da rifare. Se non comprenderete questo passaggio della vostra vita non vi è la vera volontà di ricerca di voi stessi, se pensate solo al fatto che siete stati feriti , e che non vi meritavate quelle frasi, allora significa che non volete abbandonare il vostro ego , non volete annullarvi e rassegnarvi alla vita e alla crescita, state mentendo a voi stessi ancora una volta. Non volete in alcun modo liberarvi di tutto ciò che eravate, ancora una volta siete nel passato. A me capitò proprio questo, un mio carissimo amico un giorno mi ferì molto, almeno in quel momento gli angeli fecero in modo che lui mi ferisse profondamente, in quel momento incassai il colpo e il boccone amaro, ma avevo messo una crocetta su questa persona e mi ripetevo tra me e me, come mai non lo riconosco, sento che non è lui, non mi torna il suo comportamento, non è lui, eppure mi aveva ferito. Rimasi a riflettere due settimane abbondanti sull'accaduto, e iniziai a riflettere a ricordare tutti i dettagli, notavo che, nel ricordo di quella occasione, io rivedevo me stesso in realtà e non il mio amico, più che sentirmi offeso ero triste perché non comprendevo, provavo verso questo mio amico un senso di affetto nonostante tutto ma non capivo che in quel momento delle mortificazioni, in realtà, ero io che mi guardavo allo specchio, il mio mal capitato amico non aveva colpe, ma le avevo io, lui era stato scelto in quel momento per farmi comprendere e affrontare le mie paure, i miei nemici interiori. Una volta compreso questo mi sono fatto una grande risata, e avrei voluto avere questo mio amico vicino nel momento della comprensione per abbracciarlo da spezzargli il fiato e ringraziarlo perché, si era prestato al mio insegnamento (anche se forse non ne era consapevole). Subito dopo ho pensato: però che compito ingrato gli è stato affidato… quelle offese erano le mie paure messe a vivo, era ancora un'esperienza da fare dal vivo nella mia vita, dovevo affrontarle e dissolverle. Ho compreso che con la calma, la riflessione, con l'autoanalisi senza paure, con la volontà di mettersi in gioco e a nudo e soprattutto provando amore per se stessi non temendo i propri limiti o difetti, tutto fa crescere e da un senso di benessere e realizzazione. Quel mio amico non mi aveva indebolito, ma mi aveva aiutato a crescere. In quell'unica occasione si incontrano persone che per un breve periodo faranno parte della tua vita, porteranno l'esperienza che chiedi o ti è necessaria, e quando questa esperienza è superata può accadere che queste persone svaniscano come sono venute, il loro compito nella vostra vita probabilmente è finito.

LA CECITA'

I veri ciechi non sono coloro a cui manca la vista fisica, ma sono quelli che, con gli occhi aperti non vedono. i defunti non sono coloro che non hanno piu' un corpo, ma sono quelli che rinnegano il dono della vita. Siate sempre con gli occhi aperti sul mondo scegliamo le vere priorità con il cuore e non con l'urgenza. Nel vivere non esite urgenza ma solo essere, giorno dopo giorno

MOLTO PIU' RICCHI

Potrebbe sembrare una fantasia ciò che dico, ma ci stiamo preparando solo ad essere più ricchi di prima, quello che accade è il residuo di una vita illusoria che ormai è giunta al termine della sua corsa, ha finito le illusioni da somministrarci. Ora però per diventare ricchi dobbiamo prepararci con la consapevolezza di ciò che realmente ci fa sentire ricchi. Io confermo personalmente che la vita oltre che a essere un dono, è anche magica, la magia esiste eccome! Basta sentirla nascere dentro di noi, non fermiamola quando tenta di espandersi con quel solletico che sentiamo nel petto, non fermiamola, lasciamola andare libera, quella è la magia che vuole uscire e prioettare la nostra nuova e vera vita... altrimenti facciamo come quel contadino che non aveva consapevolezza e nemmeno pazienza, piantava dei semi, vedeva i germogli crescere e li scambiava per erbacce che potevano avvelenare i suoi semi, allora li tagliava...Noi abbiamo fatto questo fino ad ora, il contadino se avesse avuto la consapevolezza che quelli erano i risultati dei suoi semi, non li avrebbe tagliati. Essere consapevoli vuol dire aver fatto proprio un tipo di informazione che ti servirà per migliorare , vuol dire che in te è nata una nuova informazione che ti permetterà di vedere ancora più lontano e chiaro nel tuo percorso, vuol dire che hai saputo ascoltare te stesso, che hai saputo fermare la resitenza agli eventi, che hai saputo vivere distaccatamente in tutto ciò che nella tua vita si è manifestato, vuol dire essere nella consapevolezza, quando hai saputo tacere. Se passi la vita a spendere parole non assimili, perché la tua vita la dedichi solo al rumore della tua voce, a riempire gli spazi della tua solitudine che non concepisci come sacra. Solo nella solitudine riesci realmente a parlare con te stesso senza proferire verbo, la mente rallenta il flusso dopo un po' che non sente riecheggiare risposte da altri tuoi simili, ed inizia così a sentire il cuore. La vera memoria del uomo. Quando taci in solitudine dapprima la mente gira cherando echi di risposte, ma poi si ferma quando si accorge che le risposte non arrivano, se la mente pensa troppo e non riceve risposte si stanca, spreca molte energie per girare a vuoto, diventa insostenibile quel frastuono che crea pensando, è troppo veloce il tempo del pensiero. Mentre il cuore ha un ritmo, una pulsazione che utilizza anche per assimilare le esperienze, il battito è il giusto tempo per tutto il tuo essere, non si stancherà mai perché ha un equilibrio, agisce come un pendolo instancabile che detta il tempo del tuo esistere. La mente formula i pensieri che escono dalla bocca e assimila altri pensieri che riceve dall'esterno, ha un ricircolo veloce non si ferma ad assimilare la vita, perché non è il suo compito. La mente si limita a elaborare in immagini e stimoli fisici, ma non assimila la vita. Quando proviamo amore verso una persona, un animale, o assistiamo alla manifestazione della natura, il cuore si nutre dell'essenza che la mente ha elaborato per lui tramite la vista , l'udito, il tatto. Se una persona vi fa emozionare o innamorare, dove sentiamo il solletico? Lo avvertiamo tra lo stomaco e il petto proprio in direzione del cuore, e lo stesso vale se una persona o una situazione ci fa soffrire, la mente non reagisce a questi stimoli lei elabora e poi passa la palla al cuore e se le emozioni sono troppo forti per il corpo , sia per amore , sia per dispiacere, ecco che iniziano ad agire i vasi lacrimali. Provate a tenere qualcosa tra le mani per un po' di tempo, tenendolo immobile o provate a mettere una mano sulla gamba del vostro compagno o compagna e tenetela ferma immobile per qualche secondo, se ci fate caso al momento del contatto con l'oggetto o con la gamba del compagno o la compagna, avvertite delle sensazioni, che dopo pochi secondi svaniscono, la mente non vi manda più nessun messaggio, per fare in modo che vi rimandi questo messaggio simile al primo, dovete muovere leggermente la mano, altrimenti la mente su quel gesto crede di non dover più inviare nessun messaggio e si dedica ad altro.

Ringraziamenti

Ringrazio tutti coloro che vedono del vero nelle mie parole, nelle mie riflessioni e ascolto nei confronti di questi splendidi angeli e maestri di vita un tempo vissuti tra noi.

Ringrazio i lettori che mostrano una buona volontà nel tentare di seguire il proprio percorso di vita.

Ringrazio, perché senza di loro non avrei potuto comunicare una ricchezza la quale viene dettata dall'amore per tutto, perché l'amore se non trova dove essere riposto rischia di diventare (odio).

La verità non può essere unica nel mondo fisico, esistono molte verità, che unendosi come esperienze formano la crescita, la consapevolezza globale, che sarà poi la verità assoluta, cioè quella verità per l'uomo e per il resto della vita sul mondo.

Nei miei libri cerco di parlare di cose vere, sempre e solo cose vere, ma invito sempre i lettori a fare di questa mia verità solo uno spunto probabile per crearvi la vostra …

Un abrraccio

Roberto Montefusco